AF338452

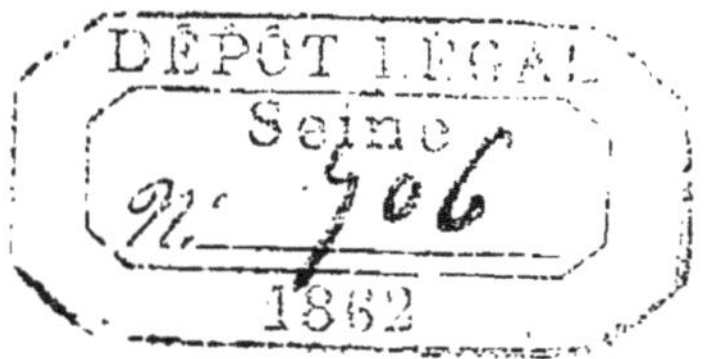

PAROLES PRONONCÉES

AU SERVICE ET SUR LA TOMBE DE

MME ROSALIE KELLER

Née HAAS

PAR LE R. P. LEFEBVRE

De la Compagnie de Jésus

Et par M. MÉNY, Maire de Belfort

à Belfort, le Mardi 14 Janvier 1862

PAROLES

PRONONCÉES PAR

LE R. P. LEFEBVRE

De la Compagnie de Jésus

Oh! oui, chérie du ciel, chérie de la terre : elle
a été couronnée dans ce beau ciel, elle est pleurée
sur cette terre ; elle est, elle sera bénie partout. Mes
frères, invité, il n'y a que peu d'heures, à dire quelques paroles sur cette tombe sacrée, je n'ai pu en
trouver d'autres dans nos livres saints, d'autres
dans mon cœur : et durant cette nuit de deuil et

de larmes, je ne cessais de les répéter dans ma prière : Chérie de Dieu, chérie des hommes, elle est bénie ; bénie des pauvres qu'elle aimait à secourir, bénie dans le sanctuaire qu'elle aimait à embellir, bénie par les larmes de tous.

Mais pourquoi donc cette voix inconnue ? dites-vous peut-être... Mes frères, je parle au nom de votre pasteur vénéré, du vrai père de cette âme sainte ; de celui qui, pour la première fois, l'avait préparée au banquet des anges ; de celui qui a béni les liens sacrés de son alliance parmi vous, de celui qui a connu ses douleurs et guidé ses pas dans le sentier des plus hautes vertus. Il s'est trop effrayé de sa douleur, et quand il n'aurait parlé que par ses larmes, vous auriez sans doute bien préféré sa voix... Elle vous aurait paru plus puissante pour vous consoler. Toutefois, je n'ai pu résister à son invitation, au désir qui m'a été exprimé par tous ces prêtres, glorieuse couronne de bénédictions autour de ce glorieux tombeau... Et puis moi-même, je le dirai simplement, après lui, après votre bien-aimé pasteur, je pouvais mieux que tout autre parler des vertus de cette femme forte, de cette mère incomparable ; car j'ai souvent aussi depuis vingt ans touché à cette âme, j'ai pu entrer dans ce cœur chrétien... Eh bien ! je le dirai, de toutes les âmes que j'ai pu rencontrer sur la route du ciel, de tous les cœurs qui ont été révélés à mon cœur, c'est le plus noble, le plus généreux ; c'est l'âme la plus pure, la plus tendre, la plus ardente au bien, à la charité de Dieu et du prochain.

Mes frères, ce n'est pas un éloge que je veux faire ici ; c'est un cri de reconnaissance et de douleur que je jette devant vous, au nom de tous ceux qui l'ont connue et aimée. Un éloge ! oh ! je croirais blesser son cœur, et la contrister ici et jusque dans la gloire des cieux. Un éloge ! elle était si simple, si modeste, si timide, que jamais personne n'a plus craint la gloire et l'éclat. Elle n'aimait qu'à se cacher et à dérober aux yeux des hommes toutes ses vertus et sa charité. Pauvre sainte femme, elle allait jusqu'à craindre, ici je le dirai parce que je le sais bien, elle allait jusqu'à redouter la gloire de son fils !... pour lui, pour elle ; tandis que les autres mères n'aspirent qu'à cela, ne vivent que pour cela ; elle craignait les effets de cette gloire !... et ne cessait de prier... *Pourvu que ça ne nous donne pas d'orgueil*, a-t-elle dit tout de suite ; mot sublime et si chrétien !

Je ne veux donc pas faire son éloge ici, mes frères, je penserais vraiment affliger son âme ; et d'ailleurs, cet éloge est inutile ; tous parlent d'elle, tous les cœurs sont pleins de souvenirs. Voyez au-dessus de l'autel un don de sa foi dans cette magnifique verrière... et tant d'autres hommages au sanctuaire de Marie. Que ses œuvres parlent d'elle ! que les pauvres racontent ce que seuls ils ont su ! Tenez, tout à l'heure même en sortant de cette église, je demande à une pauvre femme la maison du pasteur ; elle a la bonté de m'accompagner deux pas. « Connaissiez-vous, lui dis-je, cette bonne dame Keller ? — Tout le monde la connaissait, répondit-elle, les pauvres surtout. Moi, depuis moins longtemps dans ce pays, je n'ai eu l'honneur de lui parler qu'une fois ; et ce jour-là même, par les mains d'une sœur, elle m'a fait remettre cinq francs qui m'étaient bien nécessaires. Oh! la bonne dame, que le bon Dieu le lui rende!» Oui, oui, le bon Dieu le lui aura bien rendu, toutes ses aumônes, au centuple dans la gloire.

Mais encore une fois taisons-nous et pas d'éloges ici. Disons plutôt la pensée de son cœur, le désir de toute sa vie. Je suis sûr de remplir le vœu de cette âme si zélée en exprimant ici et de sa part même ce désir immense du salut pour tout ce qu'elle aimait. C'est pour le salut de ces âmes chères qu'elle priait, qu'elle faisait l'aumône; c'est pour leur salut qu'elle aimait à souffrir, et elle a beaucoup souffert, sans se plaindre jamais...

Permettez-moi donc, mes frères, de ranimer devant vous cette cendre froide, et de faire sortir de la tombe cette voix qui vous fut connue... Elle vous dirait en ce moment par ma bouche... elle vous dit du haut du ciel... : « O mes amis, parents bien-aimés... écoutez ma parole et suivez mes conseils!... Le Seigneur a eu pitié de moi... mais des ombres de la mort, des rives mêmes de l'éternité, je vous crie :

Sauvez, sauvez votre âme!... Il n'y a que cela de nécessaire, tout le reste n'est rien... La mort aussi viendra pour vous... elle viendra bientôt, pensez-y donc... Hélas! il y en a tant parmi les hommes, il y en a peut-être parmi vous qui vivent sur la terre comme s'ils devaient y vivre toujours, ou comme si après la mort tout devait finir pour eux... Pensez-y donc, — elle viendra bientôt; vous voyez, en si peu de jours elle m'a frappée!... Bientôt! ô mes amis, préparez-vous donc vite... ou plutôt soyez toujours prêts, puisque vous ne savez pas quand elle viendra pour vous. — Or, elle ne viendra qu'une fois ; une fois seulement! Oh! je vous en prie, ne jouez pas votre éternité avec elle; vous pourriez perdre tout en un jour! Et puis cette mort, elle doit aussi vous dépouiller de tout, de tout... Ah! ne tenez pas trop à ce monde, et tâchez d'acquérir, d'amasser quelques trésors qu'elle ne puisse vous ravir. Enfin, enfin, je vous le dis, tâchez de vivre comme vous désirez mourir un jour; car il doit être bien difficile de mourir dans la grâce de Dieu si on vit dans le péché, et dans son amour si on vit dans l'indifférence et dans l'oubli. Je vous en conjure, ayez pitié de votre âme; ô vous qui m'aimiez, ayez pitié de votre âme, afin que nous puissions nous retrouver encore au ciel!... »

Je m'arrête, mes frères, et mon cœur est pourtant encore plein de larmes et des paroles saintes qu'elles m'inspirent... Mais c'est assez pour tous ! Il ne me reste plus qu'une prière à faire à notre Dieu pour cette âme fidèle, et un suprême adieu à lui adresser dans nos pleurs.

Seigneur, je vous ferai la prière d'Augustin pour sa mère, sa sainte mère Monique : « O mon Dieu, ayez pitié de Monique ! disait-il, de Monique ma mère; elle était si douce, si bonne, si affable à tous; ayez pitié d'elle et mettez-la dans la gloire de votre saint paradis. — O mon Dieu, Seigneur Jésus, ayez pitié de Rosalie; elle était si bonne, si douce, si affable à tous, si compatissante, si humble, si modeste, si simple et si petite... Ayez pitié d'elle, et mettez-la dans votre saint paradis. » Vous voyez bien que je n'ai rien à changer à cette belle prière. Rosalie a été une Monique sur la terre. Seulement, vous savez

que son fils unique ne lui a jamais fait de peine.
L'une a rendu à la foi par sa prière et par ses
larmes un fils unique, et l'autre, celle-ci, par ses
larmes et sa prière a toujours conservé le sien
dans la grâce. O mon Dieu! ayez pitié de Rosalie,
et couronnez ses vertus de votre gloire, entendez
notre prière comme vous avez exaucé celle d'Augustin.

Et maintenant, adieu! adieu, ô femme forte et
chrétienne, mère douce et vertueuse! Adieu! que les
anges du sanctuaire et de la sainte Sion vous portent
à la gloire où vous vivrez, où vous prierez encore
pour tout ce que vous aimiez sur la terre. Adieu! au
nom de ce fils pour lequel et par lequel seul vous
avez pu vivre jusqu'à ce jour... Adieu!... au nom
de toute votre famille; on ne vous verra plus,
on ne vous entendra plus; mais l'âme ne sera pas
séparée de votre âme... Elle vous retrouvera dans
la prière et les saints souvenirs. Et vous leur serez
une consolation, une lumière, une force, un secours
du haut du ciel! Adieu! au nom du pasteur de cette
église, votre père..., au nom de tous ces prêtres qui

prient et qui pleurent en rendant hommage à tant
de vertus. Adieu ! au nom des pauvres de cette cité
et de tant d'autres, qui vous bénissent et vous pleurent aussi sans pouvoir se consoler. Ame chérie du
ciel, adieu ! vous avez quitté la terre avec un sourire
de paix et d'espérance comme la femme forte ; nous
vous avons vue en ce moment lever les yeux, nous
vous avons entendue dire : J'irai... j'irai... Adieu !
adieu ! mais du haut du ciel priez, priez pour nous,
et que votre douce prière, que le souvenir de toutes
vos vertus y attirent un jour l'âme de tout ce que
vous avez aimé !

Ainsi soit-il.

PAROLES

PRONONCÉES

PAR M. MÉNY

MAIRE DE BELFORT

MESSIEURS,

En présence de cette tombe qui va se fermer sur
la sainte femme que nous pleurons et qui n'a passé
sur cette terre que pour y faire le bien, permettez-
moi, au nom des pauvres, au nom de cette ville
qu'elle a tant aimée, qui lui doit tant, et où son souvenir sera à jamais respecté et béni, de lui adresser

un suprême adieu, un dernier tribut de regrets et de reconnaissance éternelle!

Madame Keller, ai-je besoin de le rappeler ici, Messieurs? appartenait à une ancienne et honorable famille d'Alsace, dans laquelle toutes les vertus sont héréditaires. Ce qu'elle avait reçu de son père, dont le souvenir est encore si cher en cette ville, elle l'a transmis religieusement elle-même à ce fils bien-aimé, sa joie, son orgueil, qui sait et nous a prouvé déjà qu'il ne pourra mieux honorer la mémoire de sa mère qu'en continuant son œuvre parmi nous! Pieuse femme, comme elle avait compris sa mission sur cette terre! Atteinte dans ses plus tendres affections d'épouse et de mère, elle s'était depuis trente-deux ans retirée complétement du monde pour se donner tout entière à l'enfant qui lui était resté, à sa famille, à tous ceux qui souffraient! Ayant renoncé à jamais à tous les plaisirs de ce monde, la fortune, que la Providence avait si heureusement placée dans ses mains, elle ne s'en servait, vous le savez tous, que pour la répandre autour d'elle par toutes les voies de la charité la plus active, la plus discrète, la plus ingénieuse. Aussi, qui pourrait dire combien de misères cachées sa bienfaisance inépuisable a soulagées ; combien de familles en larmes, elle a secourues, sauvées, ici, ailleurs, partout où elle a vécu ? Qui pourrait dire combien de bonnes œuvres de toute nature elle a patronées, prodiguées à pleines mains ? L'ineffable bonté de son cœur, sa piété si douce, si sincère, si profonde, la portait partout où il y avait une bonne action à faire. Affectueuse, compatissante, indulgente pour tous, elle a toujours su trouver des consolations, des encouragements, des secours pour toutes les misères, pour toutes les douleurs. Enfin, que vous dirai-je, Messieurs, elle a été toute sa vie le refuge, le soutien des malheureux. — Elle a été plus particulièrement la bienfaitrice des pauvres de cette ville... à ce titre-là, nous ne l'oublierons jamais.

Et vous tous, qui pleurez au bord de cette tombe, quelque grande, quelque légitime que soit votre douleur, quelque irréparable que soit le malheur qui vient de vous atteindre, imitez celle que vous avez perdue... *Sursum corda !* Élevez vos cœurs, élevez vos yeux vers le ciel, vous y trouverez cette mère, cette sœur, cette amie, cette providence de tous, qui vous attend et prie pour vous dans un monde meilleur pour lequel elle a travaillé toute sa vie, et que sa sainte mort vient de lui donner !

IMP. DE W. REMQUET, GOUPY ET Cᵉ, RUE GARANCIÉRE, 5